Eduard Zeller

**Religion und Philosophie bei den Römern**

Eduard Zeller

**Religion und Philosophie bei den Römern**

ISBN/EAN: 9783743346550

Hergestellt in Europa, USA, Kanada, Australien, Japan

Cover: Foto ©Lupo / pixelio.de

Manufactured and distributed by brebook publishing software (www.brebook.com)

Eduard Zeller

**Religion und Philosophie bei den Römern**

# Religion und Philosophie

bei

den Römern.

Von

Eduard Zeller.

---

Berlin, 1866.
C. G. Lüderitz'sche Verlagsbuchhandlung.
A. Charisius.

Die Römer haben ihre Religion, wie ihre Sprache und Sitte, ursprünglich von den Völkern erhalten, aus denen das römische zusammengeflossen ist; und den weitaus bedeutendsten Beitrag für dieselbe lieferten jedenfalls die nahe verwandten Glaubensformen jener latinischen und sabinischen Stämme, deren Ansiedlungen am palatinischen Hügel und auf dem Kapitol zu der künftigen Weltstadt den Grund legten. Wie nun diese Stämme ein Glied der vielverzweigten arischen oder indogermanischen Völkerfamilie bilden, so steht auch ihre Religion mit denen vieler anderen Völker, zunächst der Griechen, weiterhin aber auch der Germanen, der Perser, selbst der Inder, von der grauen Vorzeit her in einem Zusammenhang, der nicht blos aus dem Gesammtcharakter derselben, sondern auch aus einzelnen Götternamen, Mythen und Gebräuchen nicht selten in überraschender Weise hervortritt. Ihre allgemeine Grundlage bildet die Verehrung jener unsichtbaren, geisterhaft gedachten Wesen, welche die Natur und das Menschenleben durchwalten. Unter denselben treten vor allem die lichten Himmelsmächte hervor, die sich in Jupiter, dem Himmelsgott, zur weltbeherrschenden Einheit zusammenfassen. Eine zweite Klasse von Göttern ergab sich aus der Betrachtung der irdischen Natur und aus der Ahnung der Kräfte, die in ihr wirken, die im Dunkel des Waldes nnd in der Einsamkeit des Gebirges uns umgeben, die im Murmeln der Quelle und im Knistern der Herdflamme zu uns sprechen, denen wir das Wachsthum der Saaten und das Gedeihen der Heerden verdanken. Zu diesen zwei Gebieten kommt endlich als drittes die Erdtiefe mit allem Geheimnißvollen und Düsteren, was sie in sich birgt, allem Segen und Reichthum, der aus ihr entspringt. Ist es aber der Religion schon überhaupt, auch wenn sie das Göttliche in der äußeren Natur sucht, doch in letzter Beziehung nicht um die Außenwelt als solche zu thun, sondern um ihre Bedeutung für den Menschen, so gilt dies in ganz besonderem Maße von der römischen Religion. Die römischen Götter sind allerdings größtentheils personificirte Naturkräfte; aber die Vorstellung von diesen Kräften wird nicht durch wissenschaftliche Beobachtung und Erklärung der Naturerscheinungen gewonnen; in diesem Fall hätte es ja gar nicht zu ihrer mythischen Personifikation kommen können. Sondern die Einwirkungen, welche der Mensch von der Außenwelt erfährt oder zu erfahren meint, regen die Phantasie an, sich eine Vorstellung der Wesen zu bilden, von denen sie herrühren; diese Vorstellung hat daher zunächst auch keinen anderen Inhalt: die Götter sind die Mächte der Natur nach ihrem wohlthätigen oder verderblichen Einfluß auf das menschliche Dasein betrachtet, die Urheber des Segens und des Unheils, welches dem Menschen widerfährt, der erhebenden oder schreckhaften Eindrücke, welche die Naturerscheinungen auf ihn hervorbringen; und in dem Bilde, das sich der Mensch von ihnen macht, spiegeln sich nicht blos diese Erscheinungen selbst ab, sondern noch weit mehr die von ihnen erregten Empfindungen und die von ihnen bestimmten menschlichen Lebenszustände. Ebendamit geht aber die physische Bedeutung der Gottheiten in die ethische über; und gerade die römische Religion ist eine von denjenigen Naturreligionen, in welchen diese letztere Seite am stärksten hervortritt. Jupiter ist nicht blos der Herr des Himmels und der Gewitter, sondern er ist auch der höchste Beherrscher des menschlichen Lebens und seiner Geschicke; er lenkt das Schicksal der Schlachten und verleiht den Sieg über die Feinde, er schützt das Recht und die Treue, er ist das Haupt, wie des Götterreichs, so auch der irdischen Staaten, der oberste von den römischen Staatsgöttern, der „Höchste und Beste", dessen Begriff sich mit dem Anwachsen der Römermacht immer mehr zum Gedanken der Einen weltherrschenden Gottheit erweiterte. Juno ist als die Licht= und Geburtsgöttin zugleich der allgemeine Schutzgeist des weiblichen Geschlechts, so daß die Frauen ebenso bei ihrer Juno zu schwören pflegten, wie die Männer bei ihrem Genius; sie ist insbesondere die Göttin der Ehe, das himmlische Urbild aller Hausfrauen; und als die Himmelskönigin theilt sie sich mit ihrem Gemahl in den Schutz der Städte, auf deren Burgen ihr geopfert wird. Die Götter des Herdfeuers sind zugleich auch die Hausgeister, deren alterthümlich einfache Verehrung den religiösen Mittelpunkt des häuslichen Lebens bildet; in der Herdgöttin der Gemeinde, in Vesta, wird die Idee der höchsten sittlichen Reinheit angeschaut. Die Erdgottheiten nehmen nicht nur das Samenkorn in ihre Hut und spenden aus der Tiefe den Segen der Fluren; sondern zu ihnen steigen auch die Seelen der Verstorbenen hinab, und bei ihnen haben jene guten Geister ihren Wohnsitz, welche als Laren die Familien, die Städte, die Straßen beschützen. Noch ausschließlicher hat sich die ethische Bedeutung in der Folge bei Mars oder Quirinus entwickelt. Auch er ist ursprünglich eine Naturgottheit, ein Gott der Wälder und der Weiden, des Frühlings und der Befruchtung; er wird um Segen für die Heerden angerufen; als Frühlingsgott ist ihm der erste Monat des altrömischen Jahres, der Marsmonat oder März, geweiht, und wo man seiner außerordentlichen Hülfe bedarf, wird ihm als „heiliger Frühling" der Ertrag des jungen Jahres an Menschen, Vieh und Früchten gelobt — jenes ver sacrum, das durch Uhland's schönes Gedicht so bekannt ist. Aber an diese Naturbasis knüpft sich die vielseitigste Beziehung zur Menschenwelt. Mars ist nicht allein der Beschützer des Ackerbaus und der Viehzucht, sondern auch eine von den Gottheiten der Ehe und des häuslichen Lebens; er führt die bewaffneten Schaaren in die Schlacht und die Auswanderer in ihre neuen Wohnsitze; in seinem Bilde fassen sich überhaupt den italischen Völkern alle Züge männlicher Kraft in ähnlicher Weise zusammen, wie der griechische Geist sein ganzes sittliches Ideal in der Gestalt Apollo's zusammenfaßt. In der Folge traten allerdings seine kriegerischen Eigenschaften im Glauben dieser Völker um so einseitiger in den Vordergrund, je mehr auch in ihrem Leben, unter Roms Führung, die kriegerische Thätigkeit alle andern verschlang; doch ist seine ursprüngliche Bedeutung, auf die zahlreiche Kultusgebräuche hinweisen, nie ganz in Vergessenheit gerathen. Dagegen ist Minerva aus der Lichtgöttin, welche sie ursprünglich, wie die griechische Athene, gewesen zu sein scheint, so frühe und so vollständig in die Gottheit des erfinderischen Verstandes übergegangen, daß schon ihr Name nichts anderes ausdrückt. Noch andere Gottheiten, wie die vielverehrte Fortuna, wie die Fides, die Pudicitia, die Virtus, der Honor, und wie viele sonst noch, sind bloße Personifikationen allgemeiner Begriffe; und wenn solche Wesen allerdings unter den obersten Gottheiten keine Stelle fanden, so beweist doch schon ihre fast zahllose Menge, welche Wichtigkeit auch ihnen für das religiöse Leben beigelegt wurde.

Alle diese Götter sind nun aber dem Römer, wie dem Italiker überhaupt, weit weniger Gegenstand der religiösen Anschauung und der künstlerischen Behandlung, als des Kultus. Die durchaus praktische Richtung und Begabung dieser Stämme macht sich auch hier geltend. Die fromme Phantasie hat die Götter zwar geschaffen, aber sie verweilt nicht in freier Betrachtung bei ihrem Bilde, um sich ihr Wesen und ihre Gestalt, ihr Leben und ihre Zustände auszumalen; sondern wie hier alles mit verständiger Berechnung auf bestimmte praktische Zwecke

bezogen wird, so wirkt auch der Gedanke an die Götter ganz
überwiegend und fast ausschließlich nach dieser Seite hin. Die
altrömische Religion hat keine Mythologie hervorgebracht, welche
der griechischen irgend zu vergleichen wäre, sie blieb daher auch
viel freier von jenen unwürdigen Erzählungen über die Götter,
die uns in jener zum Anstoß gereichen; der römische Kultus
entbehrte Jahrhunderte lang, wie der unserer germanischen Vorfahren, der Bilder, er war ernst und keusch und ohne die sinn-
lich aufregenden Elemente, die wir in anderen Naturreligionen
finden; dafür war aber diese Religion auch unfähig, zu einer
Kunst, wie die hellenische, den Anstoß zu geben, alle menschlichen
Ideale in den Göttern verkörpert und lebendig zur Darstellung zu
bringen. Die religiöse Grundstimmung des Römers ist jene Scheu
vor unbekannten Mächten, auf welche auch das Wort religio
zunächst hinweist; jenes Gefühl der Gebundenheit, welches von
dem Glauben an übernatürliche Einflüsse, denen der Mensch
immerwährend ausgesetzt sei, an zauberhafte Wirkungen, die
allen möglichen Dingen und Handlungen anhaften, unzertrenn-
lich ist. Sofern die Götter als sittliche Mächte gefaßt werden,
entspringt aus diesem Gefühl die Ehrfurcht vor dem Sitten-
gesetz, die Scheu vor dem Unrecht, die strenge Gewissenhaftig-
keit, welche in den besseren Zeiten des Staats als ein Grund-
zug des römischen Wesens hervortritt; zugleich aber allerdings
auch die innere Unfreiheit, die übermäßige Verehrung des Herkommens und der Ueberlieferung, welche wir mit jenen Eigenschaften als ihre Rückseite verknüpft finden. Sofern es andererseits übernatürliche, nicht nach klaren und festen Gesetzen, sondern in unverstandener und geheimnißvoller Weise wirkende
Mächte sind, auf die hier alle Erscheinungen der Natur und
alle Geschicke der Menschen zurückgeführt werden, erhält die
römische Religion den Charakter des Magischen, in die Scheu
vor den Göttern mischt sich das unheimliche Gefühl der Furcht
und des Grauens. Man findet sich unausgesetzt und auf allen

Seiten von unsichtbaren Wesen umgeben, in jeder Beziehung
von ihnen abhängig; man kommt bei jedem Schritt mit ihnen
in Berührung; man bedarf ihres Beistandes zu allem, im
kleinen, wie im großen, man muß bei jedem Wort und jeder
Handlung ängstlich Bedacht nehmen, daß man sie nicht verletze,
nicht durch irgend einen Verstoß Unheil herbeiziehe. Dieses
ganze Verhältniß ist aber ein durchaus irrationales. Es wird
nicht blos im allgemeinen, wie in jeder Religion, angenommen,
daß der Verehrer der Götter sich ihres Segens zu erfreuen,
der Verächter derselben ihre Strafe zu fürchten habe; sondern
es werden von einzelnen äußeren Handlungen und Worten wohl=
thätige oder nachtheilige Wirkungen erwartet, welche nicht in
der Natur dieser Handlungen, sondern in einer erträumten Be=
deutung derselben begründet sind: der Eindruck, den ein Gegen=
stand oder ein Vorgang auf die Phantasie macht, wird mit
seiner realen Wirkung verwechselt, das, woran etwas erinnert,
in einen realen Zusammenhang damit gesetzt. Auf diesem Wege
entstand in der römischen, wie in den übrigen alten Religionen
jener vielgestaltige Aberglaube an Vorbedeutungen jeder Art,
an die zauberische Wirkung von Gebetsformeln, Ceremonien und
Beschwörungen, an die Unentbehrlichkeit von hundert Uebungen,
Enthaltungen und Gebräuchen, welche uns freilich auf unserem
Standpunkt fast kindisch erscheinen. Die Masse dieses Aber=
glaubens wuchs hier gerade deshalb in's endlose, weil es den
Römern mit ihrer Religion heiliger Ernst war, während sie
andererseits noch nicht gelernt hatten, den wahren Gottesdienst
in das Innere des Menschen zu verlegen und den religiösen
Werth des äußeren Thuns nur an seiner Wirkung auf Gemüth
und Willen zu messen. Es giebt hier nichts, was nicht durch
besondere Handlungen und Formeln geheiligt, wofür nicht durch
eigene gottesdienstliche Akte der Segen der Götter erworben,
Unheil und Mißgeschick abgewendet werden müßte; und wenn
wir bedenken, mit wie vielen derartigen Pflichten das öffent=

liche, wie das Privatleben des Römers belastet, wie vollständig es in allen seinen Theilen und Bewegungen durch die Religion gebunden und beherrscht war, können wir zweifelhaft werden, ob wir mehr dem Lobe beistimmen sollen, welches die römischen Schriftsteller der Frömmigkeit ihrer Vorfahren spenden, oder dem Tadel, den ihre christlichen Gegner über den Aberglauben derselben ausgießen.

So mannigfaltig aber diese religiösen Uebungen und Gebräuche waren, so wenig war in denselben dem Belieben der Einzelnen überlassen; sondern alles war bis auf's kleinste durch das Herkommen geregelt und bestimmt. Jener im römischen Wesen so tief wurzelnde Sinn für strenge Ordnung, für unverbrüchliche Satzungen, für feststehende äußere Formen, jener Geist, der die eiserne Disciplin der römischen Heere, den gemessenen Gang des römischen Staatswesens, das bewunderungswürdige Gebäude des römischen Rechts geschaffen hat, verläugnet sich auch in der Religion nicht. Das Verhältniß des Menschen zur Gottheit wird hier durchaus als ein positives Rechtsverhältniß aufgefaßt, in dem alles darauf ankommt, daß die Kultushandlungen genau in der vorgeschriebenen Form vollbracht werden; jeder kleinste Verstoß, jede zufällige Störung, jede noch so unfreiwillige Unterlassung kann bewirken, daß der ganze Akt nichtig ist, oder zum Unheil ausschlägt; für jede Thätigkeit und jedes Verhältniß sind eigenthümliche Gebräuche vorgeschrieben, für jeden neuen Schritt, den man macht, muß man sich auf's neue durch Gebete, Opfer, Beschwörungen, durch Befragung des Vögelflugs und der Eingeweide, überhaupt durch alle möglichen Mittel des göttlichen Beistands versichern; und wie das römische Recht an Cautelen jeder Art überreich ist, so ist der römische Kultus nicht minder reich an Formeln und Wendungen, durch welche den Nachtheilen vorgebeugt werden soll, die aus jedem beliebigen, wenn auch noch so unbedeutenden Formfehler hervorgehen konnten. Je lästiger aber dieses weitläufige Formelwesen im praktischen Leben oft werden mußte, je größere Uebelstände es namentlich für den Staat und die Kriegführung mit sich brachte, um so natürlicher war es, daß man sich nach Mitteln umsah, die Fesseln des sacralen Herkommens zu lockern; und da man nun doch nicht offen mit demselben zu brechen wagte, so wurde man unvermeidlich dazu geführt, durch allerlei künstliche Deutungen und Ausreden, nicht selten durch die handgreiflichsten Erdichtungen und Kniffe, von den Satzungen, die man der Sache nach übertrat, wenigstens den Schein und den Namen zu retten — wie ja dieser Pharisäismus nie ausbleibt, wenn man einmal angefangen hat, die Religion statt eines Innerlichen und Geistigen als ein System äußerer Formen und gesetzlicher Leistungen zu behandeln.

Dieser Charakter des Kultus wirkte nun bei den Römern in eigenthümlicher Weise auf die Theologie zurück. Die Götter des Polytheismus sind überhaupt dadurch entstanden, daß man die verschiedenen Theile der Welt, die Erscheinungen der Natur, die menschlichen Thätigkeiten, Zustände und Lebensverhältnisse nicht als ungetrenntes Ganzes auf eine und dieselbe unendliche Ursache zurückführte, sondern jede besondere Klasse von Gegenständen, Vorgängen und Handlungen einer besonderen Gottheit zur Leitung und Ueberwachung übertrug. Je weiter man daher bei der religiösen Betrachtung der Dinge in der Unterscheidung und Spaltung des Einzelnen ging, um so größer war auch die Anzahl der Götterwesen, auf die man geführt wurde; und wenn man diese Spaltung so weit trieb, wie dieß im römischen Kultus geschah, so war für dieselbe kaum noch eine Grenze zu finden. Indem hier alles einzelste durch besondere gottesdienstliche Akte geweiht und der göttlichen Fürsorge empfohlen wurde, ergab es sich von selbst, daß auch für jedes, ob noch so beschränkte Gebiet, für jedes kleinste Bedürfniß, jede untergeordnete Thätigkeit besondere Schutzgottheiten aufgestellt wurden, daß den großen Volks- und Staatsgöttern eine unzählbare Menge geringerer Gottheiten zur Seite trat. Diese Neigung zur Vervielfältigung der Götter zeigt sich schon in der Sitte, den Hauptgottheiten eine ganze Reihe stehender Beinamen zu geben, von denen jeder eine bestimmte Seite ihres Wesens ausdrückte und nur in bestimmten Fällen bei ihrer Anrufung gebraucht wurde. Aber nicht wenige dieser Eigenschaftsbezeichnungen verdichteten sich nachher zu besonderen Gottheiten, welche sich von der ursprünglichen Stammgottheit abtrennten, und sehr viele andere wurden ganz einfach dadurch gewonnen, daß man aus dem Namen einer Sache oder einer Thätigkeit eine Personalbezeichnung bildete und diese als die Gottheit derselben anrief; und dabei tritt die prosaische Nüchternheit des römischen Wesens sehr charakteristisch darin hervor, daß es großentheils ganz abstrakte Begriffe sind, die so zu Gottheiten gemacht werden. So gab es z. B. neben Janus, dem Beschützer alles Aus- und Eingangs, noch den Forculus, welcher die Hausthüren, den Limentinus, welcher die Schwellen, die Cardea, welche die Thürangeln unter ihrer Obhut hatte. Der Vagitanus hatte das Schreien der neugeborenen Kinder zu überwachen, der Levana wurden sie empfohlen, damit sie der Vater von der Erde aufnehme und dadurch anerkenne, die Cunina war Schutzgöttin der Wiege, der Rumina lag die Ernährung des Säuglings ob, der Nundina war der neunte Tag heilig, an welchem die Knaben ihren Namen erhielten, Carna beschützte die Kinder des Nachts vor den blutsaugenden Hexen, Educa und Potina gewöhnten sie an Speise und Trank, die Cuba legte sie von der Wiege in's Bett. Die Ossipago sorgte dafür, daß die Knochen des Kindes fest werden, dem Statanus wurde geopfert, wenn es zum erstenmal stand, dem Fabulinus, wenn es die ersten Worte sprach; des Gehens nahm sich auch noch die Abeona und Abeona an, des Sprechens der Farinus und der Locutius. Die Iterduca führte den Knaben in die Schule und die Domiduca wieder nach Hause; die Numeria lehrte ihn rechnen, die Camena singen; Strenua förderte die Entwicklung seines Leibes, Catius die seines Verstandes; auch jede sonstige geistige Eigenschaft hatte ihren besonderen Schutzgott. Aehnlich verhält es sich aber auch im weiteren: mit jedem neuen Schritt auf seinem Lebensweg erhielt der Römer eine neue Schaar von Göttern zum Geleite, und was irgend von einiger Wichtigkeit für ihn zu sein schien, das wurde nicht allein den großen Göttern durch besondere Gebete und Kultushandlungen empfohlen, sondern es wurden auch eigene Gottheiten dafür geschaffen. So einfach die ursprünglichen Grundlagen der römischen Theologie waren, so mannigfaltig und fast unübersehbar waren die Göttergestalten, welche noch auf altrömischem Boden aus denselben hervorwuchsen.

Sehr frühe drangen aber auch fremde Elemente in die römische Religion ein: theils von Norden her, aus Etrurien, theils von Süden und Osten, aus den Griechenstädten Unteritaliens und Siciliens; später auch aus dem eigentlichen Griechenland und aus Kleinasien. Von den Etruskern nun scheinen die Römer keine neuen Gottheiten von einiger Bedeutung erhalten zu haben; sondern was sie von ihnen annahmen, das waren Kultusgebräuche, Anweisungen zur Zeichendeutung, zur Sühnung von Blitzen und ähnlicher Aberglaube; weiter aber auch die religiöse Kunst, welche ihnen in der älteren Zeit so ausschließlich von dieser Seite her zukam, daß sie ihre ersten Tempel, Götterbilder und Schauspiele durchaus ihren etruskischen Nachbarn zu verdanken hatten. Der griechische Einfluß dagegen zeigte sich von Anfang an nicht blos durch die Einführung neuer Kultusformen, sondern auch neuer Götter und Göttersagen. So bürgerte sich noch unter den Königen, bald nach dem Anfang des sechsten vorchristlichen Jahrhunderts, Apollo, zunächst als sühnende und weissagende Gottheit, in Rom ein; und mit ihm die griechischen Orakelsprüche der Sibylle, welche für das römische Staatsleben Jahrhunderte lang eine so große

Wichtigkeit erhalten sollten. Im Jahre 496 v. Chr. wurde Demeter, Persephone und Dionysos unter lateinischen Namen nach Rom verpflanzt. Ein Jahrhundert später begegnet uns die erste Spur von der Verehrung des Herkules, auf den nun auch manche ältere italische Sagen und Göttergestalten übertragen wurden. Im Jahre 291 v. Chr. wurde aus Anlaß einer Pest der Heilgott Asklepios, oder wie ihn die Römer nannten, Aesculapius, aus Epidauros, im Jahre 205, als der letzte Entscheidungskampf mit Hannibal bevorstand, die große Göttermutter vom Ida aus Pessinus in Phrygien nach Rom geholt und unter die Staatsgötter aufgenommen; zwölf Jahre vorher, nach der Niederlage am Trasimenersee, war der erycinischen Venus, in welcher der punische Kult der Astarte mit dem griechischen der Aphrodite sich vermischt hatte, ein Tempel gestiftet worden. Diese fremden Kulte konnten in Rom um so schneller einheimisch werden, je größer in den letzten Jahrhunderten der Republik die Zahl der Ausländer war, welche sich in den verschiedensten Lebensstellungen hier aufhielten; mit ihnen zog aber bald auch eine Menge solcher Götter und Gottesdienste dort ein, welche von Seiten des Staats nicht anerkannt und in den öffentlichen Kultus nicht aufgenommen waren, welche aber nichtsdestoweniger bei einem großen Theil der Bevölkerung lebhaften Anklang fanden. Wie gefährlich jedoch diese Winkelgottesdienste nicht allein für die Reinheit der bestehenden Religion, sondern auch für die öffentliche Sittlichkeit werden konnten, dies zeigte sich bei der Untersuchung, zu welcher im Jahre 186 v. Chr. die dionysischen Mysterien Anlaß gaben. Diese Mysterien hatten sich von den großgriechischen Städten aus in das mittlere und obere Italien verbreitet, und auch in Rom zahlreiche Anhänger gewonnen. Bald war aber durch eingewanderte Priester und Priesterinnen grober Unfug darin eingerissen, und schließlich waren sie, wie versichert wird, zu einer Pflanzschule der scheußlichsten Ausschweifungen und Verbrechen entartet. Als die Sache zur Kenntniß des Senats kam, wurde mit der äußersten Strenge eingeschritten, es wurde aber ebendadurch auch ein ungeahnter Umfang des Verderbens an's Licht gebracht. Die bacchischen Geheimdienste hatten das Netz ihrer Vereine über ganz Italien ausgedehnt; in Rom allein sollen dieselben über 7000 Mitglieder, mehr noch Frauen, als Männer, gehabt haben. Viele Hunderte wurden hingerichtet, die minder Schuldigen eingekerkert, die dionysischen Vereine in ganz Italien auf's strengste verboten, ihre Kapellen zerstört; aber so lange Rom in seinem Weltreich dieses bunte Gemenge von Religionen vereinigte, ließ sich auch dem Eindringen fremder Kulte in die Hauptstadt kein haltbarer Damm entgegenstellen, und je weiter die römischen Waffen in den Orient vordrangen, um so unaufhaltsamer strömten die phantastischen Religionsanschauungen, die wilden Naturkulte der asiatischen Länder zu den Völkern des Westens. Es ist bekannt, welche Masse des Aberglaubens, welche zügellose Religionsmengerei hieraus hervorging, wie am Ende die nationalen Elemente der römischen Religion von den fremden vollständig überwuchert wurden. Doch begann diese Einwanderung orientalischer Kulte erst gegen das Ende der Republik, und ihr Uebergewicht erst im dritten Jahrhundert der Kaiserherrschaft. Der Einfluß der griechischen Religion dagegen reicht, wie bemerkt, bis über den Anfang der Republik hinauf, und war während der ganzen Dauer derselben fortwährend im Steigen. Nichtsdestoweniger würde er dem altrömischen Glauben ohne Zweifel nicht sehr gefährlich geworden sein, wenn man es hiebei nur mit der griechischen Religion als solcher zu thun gehabt hätte, und er machte auch wirklich, so lange dies der Fall war, nur langsame Fortschritte. Dagegen wurde er sofort unwiderstehlich, seit die eigentliche Blüthe des griechischen Geisteslebens, die hellenische Kunst und Literatur, in den Gesichtskreis der Römer eintrat.

Der einen wie der andern waren diese viele Jahrhunderte

lang fremd geblieben. Erst nach der Mitte des dritten vorchristlichen Jahrhunderts, nach Beendigung des ersten punischen Kriegs, begegnen uns in Rom die ersten Spuren von Bekanntschaft mit griechischen Dichter- und Geschichtswerken, und die ersten Versuche, sie nachzubilden; und erst mit dem Ende jenes Jahrhunderts, mit der Ueberwindung Hannibal's, der Eroberung Großgriechenlands und Siciliens, den Kriegen gegen Macedonien, beginnt jene durchschlagende Kulturbewegung, durch welche in einem verhältnißmäßig kurzen Zeitraum das ganze geistige Aussehen der römischen Nation verändert, die Wissens- und Kunstschätze Griechenlands in die Weltstadt an der Tiber verpflanzt, der römische Westen von der hellenischen Bildung erobert wurde. Von dieser großen geistigen Umwälzung mußte auch die Religion auf's tiefste berührt werden. So lange nur einzelne ausländische Götterdienste unter die einheimischen aufgenommen worden waren, hatten die überlieferten Religionsanschauungen im ganzen keine große Veränderung erlitten. Anders verhielt es sich, wenn in wenigen Menschenaltern eine ganze neue Bildungsform eindrang, wenn man mit dem größten, was ein so hochbegabtes Volk, wie die Griechen, in vielen Jahrhunderten hervorgebracht hatte, auf einmal bekannt wurde, wenn man einer überlegenen Kultur gegenüberstand, der man entfernt nichts ebenbürtiges zur Seite zu stellen hatte, von der man durchaus nur aufnehmen und lernen konnte. In der Kunst und Literatur blieben die Römer fast durchaus auf Aneignung und Nachbildung der griechischen Muster beschränkt. Ebendamit mußten sie sich aber auch die religiösen Vorstellungen der Griechen im weitesten Umfang aneignen. Die Dichter, die man bewunderte und nachahmte, standen auf dem Boden des griechischen Götterglaubens; die Kunstwerke, mit denen man seine Tempel, seine Palläste, seine öffentlichen Plätze und Gebäude schmückte, stellten die griechischen Ideale, und in erster Linie die griechischen Götterideale dar. Man konnte nicht griechisch sprechen, ohne die lateinischen Götternamen mit griechischen zu vertauschen, die altrömischen Landesgottheiten mit den Göttern Homer's zu vermischen. Man konnte die griechische Poesie nicht auf römischen Boden verpflanzen, ohne daß man die griechische Mythologie mit herübernahm. Man konnte sich die Götter nicht in der Gestalt vergegenwärtigen, in welcher sie Phidias und Praxiteles ihren Landsleuten dargestellt hatten, ohne daß sich der altrömischen Vorstellung von diesen Wesen unwillkührlich die hellenische unterschob. So geschah es, daß die römische Religion in Rom selbst immer mehr in's griechische umgedeutet wurde. Schon zu Cicero's Zeit war es dahin gekommen, daß viele von den einheimischen Gottheiten in Vergessenheit gerathen und vernachlässigt, viele gottesdienstliche Gebräuche unverständlich geworden waren; und Cicero's Zeitgenosse Varro spricht geradezu die Besorgniß aus, daß das Volk durch seine eigene Gleichgültigkeit um seine Götter kommen möchte. Um dieser Gefahr zu begegnen, stellte er selbst, wie über die römischen Alterthümer überhaupt, so namentlich auch über die Religionsalterthümer jene gelehrten Nachforschungen an, deren Ertrag er in seinen Antiquitäten niederlegte. Aber so unschätzbar dieses Werk auch für die gelehrte Kenntniß der römischen Religion war, und selbst in seinen Trümmern heute noch ist, so wenig konnten doch die Bemühungen der Alterthumsforscher einer Umgestaltung der Religion Einhalt thun, welche durch den Bildungsgang und die allgemeinen Verhältnisse jenes Zeitalters unvermeidlich geworden war.

Mit der griechischen Kunst und Poesie war aber auch noch ein zweites Erzeugniß des griechischen Geistes in Rom eingewandert: die Philosophie, und gerade die Religion war eines von den Gebieten, auf welchen dieses neue Bildungselement seinen Einfluß am stärksten geltend machen mußte. Für die rein wissenschaftlichen Untersuchungen hatten die Römer im allgemeinen wenig Sinn: was sie von der Philosophie verlangten, das war Bildung des Charakters, Belehrung über die sittlichen Aufgaben des Menschen, über die Güter, durch deren Besitz seine Glückseligkeit bedingt ist, und über die Mittel, um sie zu erlangen. So aufgefaßt berührte sich nun die Philosophie auf's unmittelbarste mit der Religion; und es ließ sich die Frage gar nicht umgehen, wie sich beide zu einander verhalten, ob und wie weit sie in ihren Zielen und in ihren Wegen auseinandergehen oder übereinstimmen. Die gleiche Richtung hatte aber die Philosophie auch schon vor ihrem Uebergang zu den Römern in den griechischen Schulen selbst genommen. Schon hier hatte sie sich seit dem Anfang des dritten vorchristlichen Jahrhunderts mit steigender Vorliebe den praktischen Fragen zugewendet, die rein theoretische Forschung dagegen zurückgestellt; und noch viel früher, schon seit Sokrates und Plato, war sie in jene durchgreifende Beziehung zur Religion getreten, welche sich von da an immer stärker entwickelt hat. Zugleich hatte sich aber auch deutlich herausgestellt, wie wenig sich diese wissenschaftliche Weltbetrachtung mit den religiösen Vorstellungen des Volks und der Dichter in Einklang bringen ließ. Die Religion führte alles auf das freie persönliche Wirken der Götter zurück; die Philosophie ging darauf aus, es aus seinen natürlichen Ursachen nach festen Gesetzen zu erklären, an die Stelle der Götter setzte sie Naturdinge und Naturkräfte. Die Volksreligion konnte weder auf die Vielheit der Götter noch auf ihre Menschenähnlichkeit verzichten; die Philosophie mußte sich umgekehrt der Ueberzeugung immer weniger zu verschließen, daß alles von Einer letzten Ursache herrühre, daß es nur Einen höchsten Gott gebe, der über menschliche Gestalt und menschliche Schwächen hoch erhaben sei. Die Religion mußte als positive den gottesdienstlichen Verrichtungen, den Opfern, den Gebeten, den mancherlei Mitteln zur Erforschung des göttlichen Willens den höchsten Werth beilegen; die Philosophie hatte es schon durch Plato's Mund ausgesprochen, daß alle diese Dinge bedeutungslos seien, daß die Glückseligkeit des Menschen und das Wohlgefallen der Gottheit einzig und allein von seinem sittlichen Verhalten abhänge. Die Philosophen waren allerdings über alle diese Punkte unter sich selbst keineswegs einig, und sie nahmen auch zur Volksreligion eine sehr verschiedene Stellung ein; aber so nahe stand ihr doch keiner, daß er sie ohne Verläugnung seiner Grundsätze oder ohne durchgreifende Umdeutung ihrer Lehren auch nur in der Hauptsache sich anzueignen vermocht hätte. Auch in Rom mußte dieser Sachverhalt zum Vorschein kommen, sobald die Religion mit der Philosophie in nähere Berührung trat. Dies geschah nun in größerem Umfang etwa seit der Mitte des zweiten vorchristlichen Jahrhunderts; erst seit diesem Zeitpunkt konnte sich daher auch das Verhältniß der Philosophie zur Religion hier bestimmter entwickeln. Als ein Vorspiel seiner späteren Gestaltung sind aber zwei merkwürdige literarische Erscheinungen aus der ersten Hälfte jenes Jahrhunderts zu betrachten: der Euemerus des Ennius und die angeblichen Bücher des Königs Numa.

Durch die erste von diesen Schriften wurde ein Produkt der seichtesten Aufklärung aus Griechenland nach Rom verpflanzt: sie war die lateinische Bearbeitung eines Werkes, worin hundert Jahre früher ein Grieche, Namens Euemerus, ausgeführt hatte, daß die Götter des Volkes nichts anderes seien als Menschen, die man in der Folge göttlich verehrt habe, und die mythische Geschichte dieser Götter nichts anderes als die Geschichte eines alten Regentenhauses. Es ist eine Auffassung der Mythologie, die uns heute noch durch ihre Abgeschmacktheit zurückstößt. Aber eben diese Auffassung nahm ein Mann unter seinen Schutz, welcher von seinen Landsleuten und von sich selbst der römische Homer genannt wurde, und welcher fast zweihundert Jahre lang der beliebteste und einflußreichste unter den römischen Dichtern gewesen ist. Es war von übler Vorbedeutung für die Zukunft, wenn den Römern als erste Probe der griechischen Mythendeutung eine so geistlose Verwässerung des Götterglaubens von einer so angesehenen Hand geboten wurde.

Wie nun hier der Versuch gemacht war, diesen Glauben nach griechischem Vorgang in's natürliche umzudeuten, so wurde um die gleiche Zeit in den Büchern des Numa der Versuch gemacht, griechische Philosopheme in denselben hineinzudeuten. Diese Bücher sollten sich in einem steinernen Sarge gefunden haben, welcher im J. 181 v. Chr. angeblich auf einem Gute in der Nähe von Rom ausgegraben worden war. Indessen liegt am Tage, daß sie das Werk einer Fälschung waren, und aus den Angaben der alten Schriftsteller über ihren Inhalt geht hervor, daß es sich bei dieser Fälschung darum handelte, die Gründe der gottesdienstlichen Gebräuche und die Bedeutung der Göttersagen in gewissen philosophischen Ideen aufzuzeigen, welche dem König Numa angeblich von Pythagoras (der freilich anderthalbhundert Jahre jünger war) zugekommen sein sollten. Dieses Beginnen erschien jedoch dem Senat so gefährlich, daß er die Bücher, deren Aechtheit übrigens nicht bezweifelt worden zu sein scheint, sofort verbrennen ließ. Blieben sie aber auch in Folge dieser Maßregel ohne Einfluß, so sieht man doch aus diesem Vorfall, wie keck bereits Einzelne ihre Philosophie dem Volksglauben unterschoben, wie ernstlich man aber auch damals noch von Staatswegen derartigen Neuerungen entgegenzutreten gemeint war.

Mit demselben Mißtrauen wurde die griechische Philosophie überhaupt anfangs zu Rom behandelt. Zwanzig Jahre nach dem oben erzählten Vorfall, 161 v. Chr., fand sich der Senat veranlaßt, den „Philosophen und Rhetoren" den Aufenthalt in Rom zu verbieten, und einige Zeit vor- oder nachher (173 oder 155 v. Chr.) wurden zwei Epikureer wegen ihres übeln Einflusses auf die Jugend aus dieser Stadt ausgewiesen. Wie wenig diese neumodischen Studien den Römern von altem Schlag nach ihrem Sinn waren, sehen wir namentlich an den Urtheilen des alten Cato über dieselben. Als im J. 156 die drei berühmtesten Philosophen jener Zeit gleichzeitig als Gesandte nach Rom kamen und vielbesuchte Vorträge hielten, da murrte der Alte von Anfang an über diese neuen Liebhabereien, welche den jungen Leuten den Geschmack an Krieg und Staatsgeschäften verderben werden. Nachdem er vollends über den Inhalt ihrer Vorträge näheres gehört hatte, machte er den Behörden herbe Vorwürfe, daß sie da Leute in der Stadt dulden, welche die Kunst besitzen, ihren Zuhörern alles beliebige einzureden, und er drang darauf, daß man sie möglichst schnell bescheide und heimschicke. Es war dies ohne Zweifel der Standpunkt, welchen die Zeitgenossen Cato's ihrer großen Mehrzahl nach der Philosophie gegenüber einnahmen, und auch später hat es ihm in Rom nie an Vertretern gefehlt; wie z. B. noch der bekannte Geschichtschreiber Cornelius Nepos an Cicero schreibt: man solle nur nicht glauben, daß bei den Philosophen Lebensweisheit zu holen sei; man sehe ja, wie viele von ihnen, trotz aller schönen Worte über die Tugend, sich doch allen Lastern ergeben. Nichtsdestoweniger drang die Philosophie von Griechenland her immer unaufhaltsamer in Rom ein, und schon in der nächsten Zeit nach Cato's Tod, bald nach der Mitte des zweiten Jahrhunderts, stand ihr Erfolg außer Frage. Der Sinn für die griechische Sprache und Bildung war schon zu lebhaft erwacht, und wurde durch die mannigfaltigen Beziehungen, in welche der römische Staat seit den macedonischen und syrischen Kriegen zu den östlichen Ländern getreten war, durch die zunehmende Einwanderung griechischer Künstler, Gelehrten und Sklaven, durch die Bildungsreisen nach Griechenland, welche mehr und mehr in Aufnahme kamen, durch die Anziehungskraft der griechischen Kunst und Literatur zu wirksam genährt, als daß nicht mit den übrigen Schöpfungen des hellenischen Geistes auch die hellenische Wissenschaft Eingang hätte finden sollen.

Schon um den Anfang des zweiten Jahrhunderts hatten mehrere von den angesehensten und bedeutendsten Männern, wie der ältere Scipio Africanus und der Besieger des macedonischen Philipp, T. Quinctius Flamininus, die Bestrebungen, welche ein Cato als Neuerungen verdammte, unter ihren Schutz genommen; der zweite Besieger Macedoniens, Aemilius Paulus, und Cornelia, die Mutter der Gracchen, gaben ihren Söhnen griechische Lehrer; und aus der nächstfolgenden Generation werden uns Größen ersten Ranges, wie der jüngere Scipio Africanus und sein Bruder, wie die beiden Gracchen, wie Lälius der Weise und L. Furius Philus, als Freunde, Schüler und Gönner griechischer Philosophen genannt. Welchen günstigen Boden diese in Rom fanden, dies zeigte sich schon bei der oben erwähnten Philosophengesandtschaft des Jahrs 156 v. Chr. Die Stadt Athen war wegen eines Raubzugs, den sie gegen ihre Nachbarstadt Oropus unternommen hatte, durch einen schiedsrichterlichen Spruch der Sicyonier in eine Geldstrafe von 500 Talenten verfällt worden. Um sie davon loszubitten, schickten die Athener eine Gesandtschaft nach Rom; und zu Mitgliedern derselben wählten sie die Vorsteher der drei angesehensten Philosophenschulen, den Stoiker Diogenes, den Peripatetiker Kritolaus und den Akademiker Karneades. Die Gesandten erreichten auch wirklich ihren Zweck; zugleich benutzten sie aber ihren Aufenthalt in der Hauptstadt des römischen Reiches zu öffentlichen Vorträgen, die einen bedeutenden Erfolg hatten. Karneades besonders machte mit seiner glänzenden Beredsamkeit, seiner kühnen Skepsis und seiner blendenden Dialektik einen ganz außerordentlichen Eindruck. Noch wichtiger war aber die Wirksamkeit des Stoikers Panätius, welcher nicht sehr lange nach dem eben berührten Ereigniß nach Rom gekommen zu sein scheint und mehrere Jahre dort gelehrt haben muß. Er ist der eigentliche Begründer des römischen Stoicismus, und ebendamit ein Hauptbegründer der gesammten römischen Philosophie; wie groß sein Ansehen und wie nachhaltig sein Einfluß war, sehen wir aus der großen Zahl ausgezeichneter Männer, welche ihm ihre philosophische Bildung verdankten. Alle namhaften römischen Philosophen, bis über den Anfang des ersten Jahrhunderts v. Chr. herab, sind Schüler des Panätius. Neben dem Stoicismus faßte in jener Zeit auch sein Antipode, der Epikureismus, in Rom Wurzel, und er überflügelte sogar jenen hinsichtlich der Zahl seiner Anhänger; was er theils der Einfachheit, Faßlichkeit und Oberflächlichkeit seiner Lehren, theils dem Umstand zu verdanken hatte, daß sich seine Vertreter von Anfang an auch in lateinisch geschriebenen Werken an die Masse des Volks wandten, während die übrigen Philosophen bis auf Cicero herab nur in griechischer Sprache, und daher nur für die höheren und gebildeteren Stände, zu schreiben und zu lehren pflegten. Auch die übrigen philosophischen Systeme blieben aber den Römern nicht fremd; und wenn die peripatetische Schule allerdings mit ihrer gelehrten Thätigkeit und ihren naturwissenschaftlichen Untersuchungen bei ihnen wenig Anklang fand, so fehlte es dagegen weder der Skepsis des Karneades, noch der von Antiochus, dem Zeitgenossen Cicero's, erneuerten, und mit stoischen Elementen versetzten altakademischen Lehre an Freunden. So hatten sich nach und nach alle Philosophenschulen jener Zeit in Rom angesiedelt, und ein Cicero konnte den Versuch machen, durch die kritische Prüfung und die eklektische Verknüpfung ihrer Lehren eine lateinische Philosophie zu schaffen, die aber in der Wirklichkeit freilich bei ihm so wenig, als bei einem seiner Nachfolger, über die Nachbildung der griechischen Muster und die Verarbeitung der von ihnen entlehnten Gedanken hinauskam.

Auch ihre Stellung zur Religion war der römischen Philosophie im allgemeinen durch ihre griechischen Lehrer vorgezeichnet. Diese selbst aber gingen in ihrer Behandlung derselben nach drei Richtungen auseinander. Am schroffsten und rücksichtslosesten traten ihr die Epikureer entgegen. Nicht als ob sie das Dasein der Götter geläugnet, oder an der Vielheit und Menschenähnlichkeit derselben Anstoß genommen hätten. Beides wurde vielmehr von Epikur ausdrücklich behauptet: nicht allein weil ihm die Allgemeinheit des Götterglaubens ein Beweis seiner Wahrheit zu sein schien, sondern auch weil es ihm selbst Bedürfniß war, sein Ideal der Glückseligkeit in den Göttern verwirklicht anzuschauen und zu verehren; diese seligen Wesen aber mußte er sich nur menschenähnlich zu denken, und wenn er ihnen statt unserer groben Körper Lichtleiber zuschrieb, so glaubte er ihnen doch im übrigen vieles, was wir mit dem Begriff des göttlichen Wesens nicht zu vereinigen wissen, selbst das Nahrungsbedürfniß, den Geschlechtsunterschied und die Sprache, beilegen zu sollen. Allein die gleiche Rücksicht auf die Seligkeit der Götter schien ihm auch zu fordern, daß sie mit keinerlei Sorge für die Welt und die Menschen belästigt würden; und noch dringender ist diese Annahme, wie er glaubt, um der Menschen willen geboten: denn nur dann, meint er, haben wir uns vor den Göttern nicht zu fürchten, wenn sie überhaupt nicht in den Weltlauf eingreifen. Eben dies aber ist es, um was es Epikur bei seinem Philosophiren vor allem zu thun ist: die Philosophie soll den Menschen glücklich machen, indem sie ihn von jeder Leidenschaft, Furcht und Sorge befreit, ihn zur vollkommenen Gemüthsruhe hinführt. Diese Gemüthsruhe hat nun keinen gefährlicheren Feind, als die Furcht vor den Göttern und vor dem Tode; und von dieser Furcht werden wir nie frei werden, so lange wir nicht die Wurzel derselben ausgerottet, den Glauben an eine Wirksamkeit der Götter in der Welt und ein Fortleben nach dem Tode gänzlich beseitigt haben. Wenn die Götter eine Thätigkeit in der Welt ausüben, sind wir nie sicher, ob uns nicht ein Unheil von ihnen droht; und wenn wir nach dem Tode noch fortdauern, muß uns während unseres ganzen Lebens der Gedanke an die Schrecken und Qualen der Unter=

welt verfolgen. Gerade diese zwei Glaubensartikel bilden nun aber nach Epikur's Ansicht den Hauptinhalt aller Religion; und so ergab sich für ihn von selbst jene entschiedene Bestreitung der letztern, der wir bei ihm und seiner Schule durchweg begegnen. Die ganze Mythologie ihres Volkes gilt diesen Philosophen nicht blos für einen höchst ungereimten, sondern auch für einen grundverderblichen Aberglauben; solche Götter, sagen sie, seien schlimmer, als gar keine; diesen Glauben, mit allem, was daran hängt, zu zerstören, die Furcht vor den Göttern, das Vertrauen auf Opfer und Gebete, auf Vorbedeutungen und Orakel auszurotten, ist ihrer Ueberzeugung nach eine von den wichtigsten Aufgaben der Philosophie. Ebenso urtheilen sie selbstverständlich auch über jede andere Ansicht, die in der Annahme einer göttlichen Weltregierung mit dem Volksglauben übereinkommt; und aus diesem Gesichtspunkt wird von ihnen namentlich die stoische Theologie auf's heftigste angegriffen, welche durch ihren fatalistischen Vorsehungsglauben die Willensfreiheit, eine von den Grundlehren des Epikureismus, durch ihren Pantheismus die Persönlichkeit und Menschenähnlichkeit der Götter aufhob. Was ihr System von der Religion übrig läßt, ist so dürftig, und alle übrigen Bestandtheile derselben werden von ihnen so ausschließlich unter den Begriff des Aberglaubens gestellt, daß sie der Volksreligion gegenüber durchaus nur als Aufklärer erscheinen, die kein weiteres Interesse an ihr nehmen, als das der Bekämpfung und Zerstörung.

Daß sich der römische Epikureismus hierin so wenig, als in irgend einem anderen Punkte, von der Lehre seines Stifters entfernte, sehen wir aus dem Lehrgedicht, in welchem der geistvolle Lucretius Carus (zwischen 60 und 50 v. Chr.) die epikureische Physik dargestellt hat. So oft dieser Dichter auf die Religion zu sprechen kommt, so geschieht es doch fast nie, ohne den Druck, unter dem sie die Menschheit gehalten, den Bann, den sie über dieselbe ausgeübt habe, mit den stärksten Farben zu schildern, und den Philosophen in den Himmel zu erheben, der diesen furchtbaren Gegner überwunden, seine Fesseln gebrochen habe. Statt aller anderen Belege mögen hier die berühmten Verse des ersten Buchs (V. 62 ff.) angeführt werden:

Als das Menschengeschlecht in tiefer Erniedrigung dalag,
Schmählich zu Boden gedrückt vom lastenden Wahne des Glaubens,
Welcher vom Himmel herab sein Haupt den Sterblichen zeigte,
Dräuend zur Erde gewandt das grauenerregende Antlitz:
Da hat ein griechischer Mann zuerst das sterbliche Auge
Frei zu erheben gewagt und dem Feind entgegenzutreten.
Nicht die Tempel der Götter vermochten den Kühnen zu schrecken,
Nicht der zuckende Blitz noch des Himmels grollende Stimme;
Nur um so muthiger rang er vielmehr, die Pforten zu sprengen,
Welche das Reich der Natur bis dahin Allen verschlossen.
Und er gewann's, mannhaften Gemüths, und wagt' es, zu schreiten
Ueber die flammenden Wälle der Welt hinaus in das Weite,
Und durchwandert' im Geist die unermeßlichen Räume;
Bringt, ein Sieger, uns Kunde von allem, belehrt uns, was möglich
Sei, und was nicht, und wieweit eines jeglichen Dinges Vermögen
Geht, und wo jedem die Grenze, die unverrückte, gesteckt ist.
So liegt uns denn nun der Aberglaube zu Füßen,
Niedergetreten, doch uns erhebt der Sieg in den Himmel.

Diese überschwänglichen Lobsprüche auf Epikur's Verdienste um die Erforschung der Natur machen nun freilich auf uns einen seltsamen Eindruck, wenn wir uns erinnern, wie sehr es diesem Manne an allem Sinn für eigentliche Naturforschung fehlte, welche grobe Unwissenheit in der Behandlung mancher Fragen, über die auch jene Zeit schon Bescheid wußte, bei ihm an den Tag tritt, wie leichtfertig er sich in hundert Fällen bei den schlechtesten Auskünften beruhigt, wenn sie nur überhaupt die Erscheinungen aus natürlichen Ursachen, ohne Beihülfe der Götter, zu erklären versprechen. Nur um so deutlicher sieht man aber auch, welchen Erfolg der leitende Gedanke der epikureischen Physik, der Grundsatz einer rein mechanischen Naturerklärung, schon in dieser seiner Allgemeinheit gehabt hatte. So dürftig auch Epikur's naturwissenschaftliche Kenntnisse und Leistungen waren, und so vollständig er fast seine ganze Physik von Demokrit entlehnt hatte, so entschieden hatte er doch darauf gedrungen, daß alles in der Welt, ohne irgend eine Einmischung göttlicher Mächte, von natürlichen Ursachen hergeleitet, daß die Mythologie des Volksglaubens und die Teleologie der Philosophen gänzlich beseitigt werde; und diese rücksichtslose Bestreitung des Religionsglaubens hat ohne Zweifel nicht wenig dazu beigetragen, dem Epikureismus, in Rom wie in Griechenland, Anhänger zu werben. War doch die Ungereimtheit der Göttersagen und Göttervorstellungen von den Philosophen längst nachgewiesen, und jedem leicht klar zu machen; mußte doch gerade solchen, welchen es an einem tieferen Einblick in die Entstehung und die ursprüngliche Bedeutung der Mythen fehlte, das Urtheil doppelt einleuchten, in dem Lucrez (I, 101) aus Anlaß einer Betrachtung über das Opfer der Iphigenia die Ansicht seiner Schule von der Religion ausspricht: „Solche Gräuel vermochte der Aberglaube zu zeugen". Der Epikureismus nahm daher in seiner Zeit eine ähnliche Stellung ein, wie im vorigen Jahrhundert der französische Materialismus, dessen Bedeutung ja gleichfalls weit weniger in seinen eigenen wissenschaftlichen Leistungen, als in seinen einschneidenden und leidenschaftlichen Angriffen auf veraltete Lebens-, Glaubens- und Bildungsformen zu suchen ist. Wenn die Epikureer nichtsdestoweniger dem herkömmlichen Gottesdienst sich nicht entziehen wollten, so ist dies nur dieselbe Anbequemung an das bestehende, welche sich diese Schule für ihr praktisches Verhalten überhaupt zur Regel machte; wenn sie sich jedoch bei Gelegenheit auch wohl, im Gegensatz zu den Stoikern, rühmten, daß sie allein menschenähnliche Götter haben, wie auch das Volk sie verehre, ja daß sie deren noch viel mehr annehmen, als jenes, so ist dies zwar nicht völlig aus der Luft gegriffen, aber vor dem Vorwurf des Atheismus konnte dieser Umstand sie nicht schützen, da dem Volksglauben natürlich mit Göttern, welche für die Menschen nichts thun und sich nicht um sie kümmern, schlecht gedient war.

Zu den Epikureern bildeten nun die Stoiker, wie in ihrem ganzen System, so auch in ihrem Verhalten zur Religion, einen ausgesprochenen Gegensatz. Ihre eigene Theologie steht zwar an sich selbst dem Volksglauben kaum näher, als die epikureische, nur daß sie sich nach einer anderen Seite von ihm entfernt. Sind die Epikureer Deisten, so sind die Stoiker Pantheisten. Jene läugneten alle Einwirkung der Götter auf die Welt, während sie ihre Vielheit und Menschenähnlichkeit festhielten; diese umgekehrt setzten die Gottheit mit der Welt zwar in die engste Beziehung, sie wollten in allem göttliche Wirkungen erkennen, alles auf die göttliche Vorsehung zurückführen, aus ihrer allmächtigen Kraft, ihren weisen und wohlthätigen Zwecken ableiten; aber dafür beseitigten sie die Vielheit, Menschenähnlichkeit und Ueberweltlichkeit der Götter, und setzten an die Stelle derselben das Eine unendliche Wesen, das alle Dinge nach unwandelbaren Gesetzen und in unabänderlichem Kreislauf aus sich hervorbringt und wieder in sich zurücknimmt; und wenn sie auch wohl die verschiedenen Naturkräfte gleichfalls Götter nennen, so denken sie doch hiebei nicht an selbständige göttliche Persönlichkeiten, sondern nur an die einzelnen Erscheinungen und Wirkungen einer und derselben Urkraft. Auch waren sich die Stoiker dieses ihres Gegensatzes zum Volksglauben im allgemeinen wohl bewußt: mehrere ihrer berühmtesten Lehrer sprachen es offen aus, daß derselbe voll unwürdiger, kindischer Mährchen sei, und zu diesen Mährchen rechneten sie alle jene Anthropomorphismen, welche für die alten Religionen, und vor allem für die griechische, so unentbehrlich waren; ebenso legten sie den gottesdienstlichen Handlungen als solchen, und überhaupt dem Aeußerlichen der Religion, keinen selbständigen Werth bei, weil die wahre Gottesverehrung nur in der Gotteserkenntniß, der

Frömmigkeit und der Tugend bestehe. Aber doch waren sie weit entfernt, die Volksreligion deshalb als bloßen Aberglauben zu behandeln, oder jene verderblichen Wirkungen von ihr zu fürchten, welche die Epikureer ihr Schuld gaben. Wie vielmehr ihr eigenes philosophisches System von einer tiefen und ernsten Frömmigkeit erfüllt ist, so wollen sie die gleiche Gesinnung auch da achten, wo sie in unwissenschaftlicherer Gestalt auftritt; sie wollen in dem Glauben und der Gottesverehrung des Volkes als ihren inneren Kern dieselben Wahrheiten anerkennen, die der Philosoph in anderer Form ausspricht. Aber wie sich manche neuere Pilosophen durch diesen an sich richtigen Grundsatz haben verleiten lassen, alles bestehende in der Religion ohne genauere Prüfung in Schutz zu nehmen, ihre philosophischen Sätze den überlieferten Glaubenslehren gewaltsam zu unterschieben und künstlich in sie hineinzudeuten, den Unterschied der positiven Dogmatik und der Philosophie kritiklos zu übersehen, so machten es schon die Stoiker in ihrer großen Mehrzahl, und so namentlich die älteren griechischen Meister der Schule. Der Polytheismus wurde durch die Behauptung gerechtfertigt, daß neben der Einen allerfüllenden Gottheit auch alle die Kräfte und Erscheinungen als Götter zu verehren seien, in denen sich dieselbe an die Welt mittheilt und in ihr offenbart; aus den Mythen des Volksglaubens, aus den oft so anstößigen Erzählungen der Dichter wurden vermittelst einer zügellosen allegorischen Auslegung alle mögliche metaphysische naturwissenschaftliche und moralische Wahrheiten herausgelesen; und je ungereimter eine Ueberlieferung ihrem buchstäblichen Sinne nach war, je schmählichere und kindischere Dinge darin den Göttern zugemuthet wurden, um so sicherer konnte man sein, daß ein Kleanthes und Chrysippus die sublimsten und tiefsinnigsten Sätze darin finden würden. In derselben Weise wußten sie den bestehenden Kultus spekulativ zu rechtfertigen. So wurde namentlich der Glaube an Vorbedeutungen und Weis-

„sagungen aller Art, welcher für das alte Religions= und Staats=
wesen allerdings von hoher Wichtigkeit war, auf's lebhafteste
von ihnen vertheidigt. Aus der Lehre ihres Systems über den
natürlichen Zusammenhang aller Dinge zogen sie den übereilten
Schluß, daß nicht allein alles, was in irgend einem Theile der
Welt vorgehe, bis auf's kleinste hinaus, in jedem beliebigen
andern sich vorbereiten und vorher ankündigen könne, sondern
daß es auch möglich sei, diese Vorzeichen als solche zu erkennen
und zu deuten; und keine Erzählung von eingetroffenen Weissa=
gungen und Träumen war zu abenteuerlich, um nicht in ihren
Sammlungen solcher Geschichten Aufnahme zu finden, kein Aber=
glaube in Betreff des Vögelflugs oder der Opferschau war so
grob, daß sie ihn nicht, mit anscheinend ganz wissenschaftlichen
Gründen, in Schutz genommen hätten.

Mit ihren griechischen Vorgängern sind nun auch die rö=
mischen Stoiker im allgemeinen darüber einverstanden, daß die
Vorstellungen des Volks und der Dichter über die Götter unter
der Hülle des ungereimten und der Gottheit unwürdigen die
philosophischen Wahrheiten enthalten, welche schon jene darin
gesucht hatten. Auch ihnen fällt die Eine Gottheit mit dem
Weltganzen, und näher mit der Seele des Weltganzen zusam=
men, die vielen Götter dagegen sind nur die Theile dieses Gan=
zen, die besonderen Kräfte, die es erfüllen: Jupiter ist, wie
der Dichter Valerius Soranus (um 120 v. Chr.) sagt, der
Vater und die Mutter der Götter, sie alle sind seine Glieder und
werden von seiner Allmacht gezeugt, indem sie sich in ihre ver=
schiedenen Verrichtungen theilt. Daß auch die allegorische Er=
klärung der Mythen den römischen Stoikern nicht fremd blieb,
sehen wir an Cornutus, der unter Nero in Rom lebte: seine
Schrift über die Götter ist für uns eine Hauptquelle zur Kennt=
niß der stoischen Mythendeutung, und alle Gewaltsamkeiten und
Willführlichkeiten derselben finden bei ihm geneigtes Gehör.
Ebenso wird die stoische Theorie der Weissagung nicht allein

in Cicero's Schrift über diesen Gegenstand seinem Bruder Quintus in den Mund gelegt, sondern auch von Seneca, doch von ihm nicht sehr entschieden, vorgetragen. Im ganzen erscheinen aber doch die römischen Stoiker in ihrem Verhältniß zur Volksreligion merklich freier, als ein Kleanthes und Chrysippus. Jene weitausgesponnenen Mythendeutungen, mit denen diese sich abgemüht hatten, waren für den praktischen Verstand des Römers doch eigentlich zu künstlich, zu sehr nur Spitzfindigkeiten der Schule; ihm mochten sie um so entbehrlicher erscheinen, da für die römische Religion überhaupt, wie schon oben bemerkt wurde, die Mythen weit geringere Bedeutung hatten, als die Kultusgebräuche, und da ihre Rechtfertigung auf römischem Standpunkt weniger in dem Erweis ihrer dogmatischen Wahrheit, als ihrer politischen Zweckmäßigkeit, zu bestehen hatte. Dazu kommt, daß dem römischen Stoicismus von Anfang an durch seinen Hauptbegründer Panätius eine freiere Richtung eingepflanzt war. Dieser ausgezeichnete Mann, vielleicht der freiste Kopf, welchen die stoische Schule hervorgebracht hat, trat der Ueberlieferung derselben, wie in anderen Stücken, so auch in der Theologie, mit selbständigem Urtheil gegenüber, und so bestritt er namentlich die Möglichkeit der Weissagung, auf welche die Stoiker sonst so ungemein viel hielten, daß sie geradezu behaupteten, wenn es Götter gebe, sei es ganz undenkbar, daß sie sich nicht den Menschen durch Enthüllung der Zukunft offenbaren sollten — wie wir sehen, ganz der gleiche Schluß, der auch in der christlichen Theologie gemacht worden ist, wenn man behauptete, wer eine übernatürliche Offenbarung der Gottheit läugne, der müsse auch Gott läugnen.

Ein Schüler des Panätius ist nun auch wirklich der erste Römer, von dem uns eine freie Kritik der Volksreligion auf stoischer Grundlage bekannt ist. Es ist dies der berühmte Rechtsgelehrte Quintus Mucius Scävola, ein jüngerer Zeitgenosse des Eroberers von Karthago, der Schwiegersohn seines Freundes Lälius, der nach einem ruhmvollen Leben im J. 82 v. Chr. als ein Opfer des marianischen Bürgerkriegs umkam. Von diesem angesehenen Manne wird berichtet[1]), er habe eine dreifache Götterlehre unterschieden: die der Dichter, der Philosophen und der Staatsmänner (principes civitatis). Ueber die erste derselben hatte er sich nun sehr ungünstig geäußert: was die Dichter von den Göttern sagen, sei großentheils unwürdig und kindisch; sie lassen dieselben stehlen und ehebrechen, sich zanken, sich mit Menschen verheirathen, ihre Kinder auffressen, zu den niedrigsten Zwecken sich in Thiere verwandeln; kurz, es sei nichts so abenteuerlich und schändlich, nichts mit dem Begriff der Gottheit so unvereinbar, daß sie es den Göttern nicht beilegten. Von alle dem hält sich nun die philosophische Theologie frei; aber sie taugt, wie Scävola glaubt, nicht zum öffentlichen Gebrauche, sie kann nicht Staatsreligion werden, denn sie enthält nicht allein solches, was für das Volk entbehrlich ist (weil es nämlich über seine Fassungskraft hinausgeht und mit dem praktischen Zweck der Religion nichts zu thun hat), sondern auch solches, das Gefahr brächte, wenn es im Volke bekannt würde. Zu diesen letzteren Bestandtheilen rechnete Scävola namentlich die Behauptung, daß die Bilder der Götter in den Tempeln dem wahren Wesen derselben nicht entsprechen, da der Gottheit in Wahrheit weder ein Geschlecht, noch ein Lebensalter, noch eine der menschlichen ähnliche Gestalt zukomme. Wie er nun hienach über die dritte Form des Götterglaubens, über die öffentliche Religion, urtheilte, wird uns zwar nicht überliefert, aber es läßt sich aus dem übrigen abnehmen. Denn jene mythologischen Elemente, die er bei den Dichtern so abgeschmackt und verkehrt findet, waren auch der altrömischen Volks- und Staatsreligion keineswegs fremd, und mit der Menschenähnlichkeit der Götter hatte er einen von den Grundpfeilern derselben aufgegeben. Er konnte daher in der öffentlichen Religion unmöglich etwas anderes sehen, als eine auf die Fassungskraft der großen Masse berechnete, ebendeshalb aber von dem wahren Gottesbegriff weit abliegende und mit groben Irrthümern versetzte Form des Glaubens, der in reinerer Gestalt nur bei den Philosophen zu finden sein sollte; und der maßgebende Gesichtspunkt bei der Bildung derselben, die er ja ausdrücklich von den Staatsmännern herleitet, war seiner Meinung nach ohne Zweifel der des öffentlichen Nutzens, denn ebendeshalb fand er die philosophische Theologie zur Staatsreligion nicht geeignet, weil sie Sätze enthalte, die zwar ganz wahr seien, die aber nicht ohne Nachtheil allgemein bekannt werden können. Diese Ansichten selbst nun hatte Scävola wohl seinem Lehrer Panätius zu verdanken; seine Ausstellungen gegen die Mythen der Dichter sind wenigstens ganz dieselben, welche uns auch sonst bei Stoikern begegnen, und die Unterscheidung der dreifachen Theologie wird ausdrücklich als stoisch bezeichnet. Aber dieselben erhalten doch in seinem Munde eine ganz eigenthümliche Bedeutung. Mucius Scävola war nicht blos einer von den angesehensten Männern in Rom und einer von den gelehrtesten Kennern des römischen Rechts; sondern er war auch als Pontifex Maximus der oberste Religionsbeamte des Staates, der Oberaufseher über alle gottesdienstlichen Angelegenheiten, er hatte eine Stellung, welche, nach modernen Analogieen bezeichnet, die Befugnisse eines Landesbischofs und eines Kultministers in sich vereinigte. Welche Vorstellung müssen wir uns nun wohl von dem Glauben der damaligen römischen Aristokratie an die Staatsreligion machen, deren Hauptstütze eben diese Aristokratie seit der Gründung des Staates gewesen war, wenn ein solcher Mann sich mit so tiefer Geringschätzung, so unumwundener Entrüstung über Dinge erklärte, die mit jener Religion auf's innigste verwachsen waren, wenn er es offen aussprach, daß dieselbe mit schweren Irrthümern versetzt sei, und daß er vieles, was für sie höchst wesentlich war, nur als ein Zugeständniß zu betrachten wisse, welches der ungebildeten Masse aus Zweckmäßigkeitsgründen gemacht worden sei! Fast noch bezeichnender ist aber die Aufnahme, welche diese Ansichten in jener Zeit fanden. Denken wir uns, daß heutzutage ein Mann in Scävola's Stellung über den Glauben seiner Kirche sich so aussprache, wie er sich über die römische Staatsreligion ausgesprochen hat, welches Aufsehen würde dies nicht hervorrufen, welcher Lärm, welche Protestationen von allen Seiten würden erfolgen! Von dem damaligen Rom ist nichts der Art bekannt. Wir hören nichts davon, daß der Senat den kühnen Pontifex Maximus zur Verantwortung gezogen, oder daß ein Volkstribun die Religion in Gefahr erklärt, oder daß die römische Priesterschaft sich geweigert hätte, fernerhin unter ihm zu dienen. Es wird auch nicht überliefert, daß auswärtige Kirchenbehörden, wie etwa der Areopag in Athen oder die Priester der Göttermutter in Pessinus, sich gedrungen gefühlt hätten, gegen den ketzerischen Collegen in Rom Zeugniß abzulegen und der dortigen Staatsregierung über die religiösen Pflichten der Obrigkeit das Gewissen zu schärfen. Scävola's religionsphilosophische Ansichten scheinen gar keine besondere Beachtung gefunden zu haben, keinenfalls aber können sie großen Anstoß erregt haben. Denn Scävola blieb nicht allein unangefochten in Amt und Würden, sondern er war auch fortwährend eine von den gefeiertsten Auktoritäten der römischen Theologie, ein Mann, von dem einer seiner Nachfolger bei Cicero (N. D. III, 2, 5) sagen kann, in Sachen der Religion wolle er sich lieber an einen Scävola halten, als an Chrysippus oder sonst einen stoischen Philosophen; und als er von einer marianischen Mörderbande im Tempel der Vesta niedergemacht wurde, sah man darin in Rom wohl ein haarsträubendes Verbrechen, aber nicht eine Strafe der Gottheit gegen den Gemordeten. Wir werden uns nun diese Erscheinung zu einem guten Theile allerdings daraus zu erklären haben, daß es sich für den Römer, wie schon oben bemerkt wurde, bei seiner Religion weit weniger um das Dogma handelte, als um den Kultus, um Gebräuche und Verrichtungen, von denen bestimmte, nicht an den Glauben des opfernden oder betenden, sondern an diese äußeren Handlungen geknüpfte Wirkungen erwartet wurden; dem herkömmlichen Kultus aber und dem äußeren Bestande der Staatsreligion überhaupt war Scävola nicht zu nahe getreten, er hatte vielmehr ihre praktische Unentbehrlichkeit ausdrücklich anerkannt. Aber doch war der Zusammenhang dieses Kultus mit den Glaubensvorstellungen zu augenscheinlich, als daß nicht jeder, der mit ernstlicher, innerer Ueberzeugung an jenem festhielt, auch dieser sich hätte annehmen, und an so freien Urtheilen über dieselben, wie wir sie von Scävola gehört haben, Anstoß nehmen müssen. Wenn dieser durch seine Kritik der Volksreligion weder seinem Ansehen noch seiner Stellung geschadet hat, so weist dies darauf hin, daß der Glaube an ihre Wahrheit in jener Zeit schon bedeutend erschüttert war, und daß nicht wenige sie ihrer eigentlichen Meinung nach für nicht viel mehr hielten, als für eine zweckmäßige und unentbehrliche politische Institution. Als solche war sie ja schon seit Jahrhunderten von der römischen Aristokratie thatsächlich behandelt und zu allen möglichen Staats- und Partheizwecken verwendet worden, und es ist dies überhaupt die Ansicht, in welche ein Glaube, wie der römische, naturgemäß zunächst umschlägt, sobald ihn die eindringende Aufklärung in's Schwanken gebracht hat: wenn die Religion nur als ein Mittel, um sich gewisse Vortheile von den Göttern zu verschaffen, geschätzt wird, so wird man kein Bedenken tragen, in demselben Maße, wie die Furcht vor diesen Göttern schwindet, sie als Mittel für rein menschliche Zwecke, als eine nützliche politische Einrichtung, zu betrachten und zu gebrauchen.

Mit Scävola finden wir ein Menschenalter später den Marcus Terentius Varro (115—25 v. Chr.) vollkommen einverstanden. Dieser berühmte Alterthumsforscher, der größte Gelehrte, den Rom hervorgebracht hat, bildet durch seine mühevollen und tiefdringenden Untersuchungen die Quelle, aus der alle Späteren ihre Kenntniß der altrömischen Religion zu schöpfen pflegten; und waren es auch zunächst historisch=antiquarische Forschungen, um die es sich hiebei handelte, so war doch auch der allgemeine religions=philosophische Standpunkt eines so gefeierten und vielbenützten Schriftstellers nothwendig von bedeutendem Einfluß. Gerade in seiner Religionsansicht schloß sich aber Varro ganz an die Stoiker an, während er bei anderen Punkten allerdings mit seinem Lehrer Antiochus eine mittlere Stellung zwischen ihnen und den Akademikern einnahm. Seinem wahren Wesen nach ist Gott, wie er sagt[2]), nichts anderes, als das Weltganze, und insbesondere die Seele und Vernunft desselben; auch die Theile der Welt können aber Götter genannt werden, weil alles von den Ausflüssen jener göttlichen Seele erfüllt ist, und ebenso kann die Vernunft des Einzelnen als sein Genius bezeichnet werden. Diese Götter sind nun freilich von den menschenähnlichen des Volksglaubens sehr verschieden; und aus diesem Grunde belobte Varro nicht blos die alten Römer, daß sie die Gottheit 170 Jahre lang ohne Bilder verehrt haben, indem er bemerkte, der Gottesdienst wäre reiner, wenn es immer so gehalten worden wäre: sondern er unterschied auch mit Scävola und den Stoikern sehr bestimmt zwischen der natürlichen Theologie der Philosophen, der mythischen der Dichter und der bürgerlichen der Staaten. Die Erzählungen der Dichter, sagt er, enthalten sehr vieles, was dem Wesen und der Würde der Gottheit widerstreite, ja selbst unter den Menschen nur bei den schlechtesten und verächtlichsten vorkomme. Reinere Begriffe über die Gottheit seien nur bei den Philosophen zu finden; aber manche von ihren Lehren seien freilich von der Art, daß man sich damit nicht vor's Volk wagen könne. Zur öffentlichen oder bürgerlichen Religion tauge daher nur eine solche, die zwischen beiden die Mitte halte, indem sie reiner sei, als die der Dichter, und volksthümlicher, als die der Philosophen. Diese öffentliche Religion betrachtete nun Varro als eine rein bürgerliche Einrichtung, und er verbarg nicht, daß er auch in der römischen Religion nicht mit allem einverstanden sei. Da sie jedoch einmal die Religion seines Volks war, hielt er es für seine Pflicht, seine Landsleute mit dem Glauben ihrer Väter bekannt zu machen, und dadurch, wie er hoffte, ihre Achtung vor demselben neu zu beleben[3]). Das Bindeglied aber zwischen seiner philosophischen Theologie und dem Volksglauben bildet auch für ihn die Allegorie, deren er sich in ächt stoischer Weise bediente, um Vorstellungen, welche er sich in ihrer eigentlichen Bedeutung nicht aneignen konnte, einen ihm zusagenden Sinn zu unterlegen. So deutete er z. B. von den drei capitolinischen Göttern Jupiter auf den Himmel, Juno auf die Erde, Minerva auf die Ideen; ein andermal jedoch wollte er alle männlichen Gottheiten dem Himmel, alle weiblichen der Erde zuweisen. Die Mythen von Saturn bezog er auf den Ackerbau: wenn er z. B. seine Kinder verschlingt, sollte dies andeuten, daß die Erde den Samen, der von ihr herstammt, wieder in sich aufnehme. Aehnliche Auslegungen scheinen sich in seiner Schrift viele gefunden zu haben; durch dieses unsichere Mittel konnte aber natürlich der Zwiespalt zwischen dem Glauben des Volkes und der Ueberzeugung des Philosophen kaum nothdürftig verdeckt werden.

Noch entschiedener spricht sich Seneca aus, den wir als den Hauptvertreter des römischen Stoicismus im ersten Jahrhundert nach Christus betrachten dürfen. Die Theologie dieses Philosophen ist so rein, in seinem Gottesbegriff treten die geistigen Eigenschaften der weltregierenden Weisheit und der wohlthuenden Güte so stark hervor, in seiner Auffassung der Religion legt er alles Gewicht so ausschließlich auf den sittlichen Willen und die fromme Gesinnung, daß man in älterer und

neuerer Zeit nicht selten gemeint hat, einen Standpunkt, der
dem christlichen so nahe verwandt ist, könne er nur unter dem
Einfluß der christlichen Lehre gewonnen haben. Daß nun die
Mythen und die gottesdienstliche Uebung der römischen Religion mit diesen reineren Grundsätzen sich nicht vertrugen, lag
am Tage; und Seneca war ein viel zu klarer und freier Kopf,
um diesen Widerspruch sich nicht offen zu bekennen. An vielen
Stellen seiner erhaltenen Werke hat er sich darüber geäußert,
und seine Schrift über den Aberglauben, von der uns Augustin (C. D. 17, 10 ff.) Bruchstücke aufbewahrt hat, enthielt eine
einschneidende Kritik des bestehenden Religionswesens, welche
den öffentlichen Kultus so gut, wie die Fabeln der Dichter,
schonungslos verurtheilte. Was denn das für Götter seien,
fragt er, denen die alten Könige Heiligthümer gebaut haben,
die Cloacina und der Tiberinus, und Pavor und Pallor,
zwei von den schmählichsten menschlichen Affekten, und jener ganze
Götterpöbel (ignobilis Deorum turba), den der Aberglaube im
Lauf der Jahrhunderte zusammengebracht habe? Was sich ungereimteres denken lasse, als jene Erzählungen der Dichter, welche
Jupiter alles unwürdige und schändliche, mit Einem Wort
alles das zuschreiben, was den Menschen, wenn sie daran glaubten, die Scheu vor der Sünde benehmen müßte? Wie man
dazu komme, die Götter mit einander zu verheirathen, und
überdies noch Brüder mit Schwestern? und warum denn Jupiter jetzt keine Kinder mehr bekomme, wenn er deren früher
so viele gehabt habe? ob er etwa sechszigjährig geworden sei,
und sich auf das papische Gesetz verlasse? Zum höchsten Anstoß
gereicht ferner dem Philosophen, wie schon manchem vor ihm,
die Bilderverehrung. Die heiligen unsterblichen Götter, sagt
er, verlegt man in geringe leblose Stoffe; man giebt ihnen die
Gestalt von Menschen und Thieren, ja alle möglichen abenteuerlichen Gestalten; was man als ein Ungethüm verabscheuen würde,
wenn es lebendig würde, das nennt man im todten Stein eine

Gottheit. Die Bilder betet man an, die Handwerker, die sie gemacht haben, schätzt man gering; über die Spielereien der Kinder lächelt man, während man sein Leben lang in den wichtigsten Angelegenheiten ähnliche Spielereien treibt. Und wie werden diese Götter verehrt! Mit Opfern und Schlächtereien, als ob die Gottheit am Blut unschuldiger Thiere eine Freude hätte, mit Selbstpeinigung und Selbstverstümmelung, mit den albernsten Komödien und den sinnlosesten Dienstleistungen. Wenn nur Einzelne solche Dinge thäten, würde man sie für verrückt halten; weil der Wahnsinn allgemein ist, gilt er für Frömmigkeit. Der wahre Gottesdienst besteht, wie Seneca zeigt, in etwas ganz anderem. „Man braucht nicht die Hände zum Himmel zu erheben, und dem Tempelhüter gute Worte zu geben, um beim Götterbild vorgelassen zu werden. Gott ist dir nahe, er ist um dich, er ist in dir. Nicht Tempel aus Stein thürme man ihm auf, sondern man weihe ihm das Heiligthum in der eigenen Brust. Nicht mit Lichteranzünden und Besuchen und Dienstleistungen, deren er nicht bedarf, nicht mit dem Blute der Opferthiere ehrt man ihn, sondern mit reiner Gesinnung und redlichem Wollen. Wer die Götter zu Freunden haben will, der muß an sie glauben, er muß sich würdige Vorstellungen von ihnen bilden, er muß sie durch Sittlichkeit ehren: Nachahmung der Gottheit ist der beste Gottesdienst"[4]). Von diesem Standpunkt aus konnte die Volksreligion für Seneca nicht einmal so viele Bedeutung haben, wie sie für Varro noch gehabt hatte, und so finden wir auch wirklich bei ihm kaum irgend eine Aeußernng, welche ein tieferes Interesse an derselben verriethe. Er selbst bemerkt wiederholt über römische Kultusgebräuche: der Weise werde sich ihnen unterziehen, weil es Gesetz und Sitte verlangen, nicht weil er glaube, daß sie an sich selbst nothwendig und der Gottheit angenehm seien; und eben dieses ist überhaupt seine Stellung zur römischen Religion. Er läßt sie sich gefallen, weil sie einmal besteht, aber er für seine Person kann sie nicht blos entbehren, sondern er weiß sich auch nur theilweise in sie zu finden.

In Seneca hat die stoische Kritik des Volksglaubens ihren Höhepunkt erreicht. Was uns von den späteren römischen Stoikern bekannt ist, beweist uns, daß sie ihn eher zu stützen, als anzugreifen geneigt waren. So besitzen wir, wie bereits erwähnt wurde, von Seneca's jüngerem Zeitgenossen Cornutus eine Schrift, welche die stoische Mythendeutung mit der vollen Kritiklosigkeit und Pedanterie eines spekulativen Orthodoxen vor uns ausbreitet. Aber auch zwei bedeutendere Männer, die letzten Größen der stoischen Schule, Epiktet und Mark Aurel, machen der Volksreligion Zugeständnisse, die im Vergleich mit Seneca einen unverkennbaren Rückschritt bezeichnen; so rein auch im übrigen ihr eigener Gottesbegriff, so geläutert ihre warme und innige Frömmigkeit ist. In geringerem Maße ist dies bei Epiktet der Fall; aber doch findet er es sehr unrecht, das Dasein einer Demeter oder Persephone und anderer Volksgottheiten zu bestreiten: nicht allein, weil man die Wohlthaten dieser Götter (welche dem Stoiker ja nichts anderes, als die nährende Kraft der Erde bedeuten) täglich genieße, sondern auch, weil man durch ihre Bezweiflung manchem das einzige raube, was ihn von Unrecht und Sünde abhalte. Es ist dies der gleiche Nützlichkeitsgrund, den man auch in neuerer Zeit der Kritik so oft und so nachdrücklich als letzte Instanz entgegengehalten hat; es ist aber freilich ein Grund, der jeden religiösen, moralischen und intellektuellen Fortschritt verbieten müßte, da es schlechterdings keinen Irrthum oder Aberglauben giebt, welcher nicht irgend jemand unter Umständen zum Guten antreiben oder von etwas Schlechtem zurückhalten könnte. Eben dieser Grund war aber ohne Zweifel von Anfang an eine Haupttriebfeder der stoischen Orthodoxie gewesen. Bei Mark Aurel[5]) verbindet sich mit dieser Rücksicht auf andere das eigene religiöse Bedürfniß. Denn so wenig er von dem abergläubischen Gaukelspiel hören will, welches in jener Zeit allenthalben von Zauberern, Geisterbeschwörern und ähnlichen Leuten getrieben wurde, so trostreich findet er doch den Glauben an außerordentliche Weissagungen der Gottheit durch Träume und Orakel; und wenn allerdings die stoischen Mythendeutungen, wie alle Spitzfindigkeiten der Schule, seinem praktischen Sinn ferne lagen, so war er dafür um so eifriger in allem, was zur Götterverehrung gehörte, und bei außerordentlichen Gefahren, die das römische Reich bedrohten, wußte er sich mit fremden und einheimischen Gottesdiensten, mit öffentlichen Gebeten und Processionen kaum genug zu thun. Wird doch aus der Zeit seines ersten Markmannenkrieges, neben vielen anderen Beweisen seines frommen Eifers, erzählt, es seien auf die Anordnung eines damals gefeierten religiösen Schwindlers, des Alexander von Abonoteichos, aus dem römischen Lager unter feierlichen Opfern zwei Löwen in die Donau getrieben worden, um in die Reihen der Feinde am jenseitigen Ufer Verderben zu tragen; diese Barbaren hatten dann aber freilich vor den heiligen Thieren so wenig Respekt, daß sie dieselben nur für eine Art ausländischer Hunde hielten und ohne Umstände todtschlugen[6]). Wenn dies, wie man annehmen muß, mit Vorwissen des Kaisers geschehen ist, so würde es beweisen, daß auch das Mißtrauen gegen fromme Gaukler, dessen er sich rühmt, nicht sehr fest gegründet war; und wenn man sich einmal mit den Stoikern darauf einließ, den Weissagungs-Aberglauben und ähnliche Dinge mit scheinbaren Vernunftgründen zu stützen, so ließ sich freilich nicht mehr sagen, wo auf diesem Gebiete die Grenze des Möglichen und Unmöglichen liege.

Neben der stoischen und epikureischen Schule übte die platonische auf die religiösen Ansichten der Römer, wie auf ihre ganze Geistesbildung, den meisten Einfluß aus. Dagegen hatte die peripatetische Lehre, so weit sie nicht mit dem damaligen eklektischen Platonismus zusammenfiel, in Rom keinen nennenswerthen Erfolg. Noch vereinzelter scheint Cicero's Zeitgenosse Nigidius Figulus mit dem Pythagoreismus geblieben zu sein, der bei ihm mit mancherlei Aberglauben in Verbindung stand. Aber auch der Cynismus der Kaiserzeit, dessen Wortführer ihre Unabhängigkeit, nach dem Vorgang der alten Cyniker, unter anderem auch durch religiöse Freigeisterei zu zeigen pflegten, blieb in Rom immer eine ausländische Pflanze, und unter den Anhängern dieser Denkweise, die wir kennen, finden sich kaum ein oder zwei lateinische Namen. Nun hatte freilich die platonische Schule, als die Römer mit ihr bekannt wurden, schon verschiedene Wandlungen durchgemacht, die auch für ihr Verhältniß zur Religion von Wichtigkeit waren. Plato selbst hatte durch den reinen und geistigen Monotheismus, zu dem er als Philosoph sich bekannte, die Volksreligion und ihre Mythen nicht verdrängen wollen, weil er von ihrer Unentbehrlichkeit für die Masse der Menschen überzeugt war; aber er verlangte eine durchgreifende Reinigung derselben nach sittlichen Gesichtspunkten. Dieses reformatorischen Strebens vergaßen aber schon seine nächsten Nachfolger, die Männer der alten Akademie: wie sie den Platonismus überhaupt in's pythagoreische zurückbildeten, so schlossen sie sich auch nach Art der Pythagoreer mit unklarer Symbolik an die religiöse Ueberlieferung an. Dagegen verlangte die Skepsis, welcher sich die Akademie bald nach dem Anfang des dritten Jahrhunderts v. Chr. zuwandte, daß eine wissenschaftliche Ueberzeugung über das Dasein und das Wesen der Götter für unmöglich erklärt werde; und Karneades besonders, der scharfsinnigste dieser Skeptiker, dessen Wirksamkeit einen namhaften Theil des zweiten Jahrhunderts ausfüllt, zog diese Folgerung mit aller Schärfe, indem er nicht allein über die Volksvorstellungen, sondern auch über die theologischen Lehren der Philosophen und ihre Beweise für den Götterglauben eine vernichtende Kritik ergehen ließ. Aber als eine wahrscheinliche Vermuthung wollte auch er diesen Glauben stehen laffen, und die beftehende Religion wollte er als folche nicht antaften. Noch weniger lag dies in der Abficht derer, welche bald nach dem Anfang des erften vorchriftlichen Jahrhunderts von der Skepfis des Karneades wieder auf den älteren Platonismus zurückgingen und mit demfelben auch peripatetifche, namentlich aber ftoifche Lehren in weitem Umfang verbanden, wie dies mit Entfchiedenheit zuerft Antiochus aus Askalon, einer von Cicero's Lehrern, gethan hat. Die Stellung diefer Männer zur Religion war im ganzen die gleiche wie die eines Plato und der aufgeklärteren unter den Stoikern.

In Rom nun war man zuerft durch Karneades und feinen Schüler Klitomachus mit der neuakademifchen Skepfis bekannt geworden; in der Folge hatte Philo von Lariffa den Cicero und andere junge Römer in diefelbe eingeführt, doch nicht ohne fie erheblich zu mildern und zu befchränken. Wie ein römifcher Anhänger diefer Männer fich zur Religion ftellte, können wir aus den Aeußerungen abnehmen, welche Cicero in den Büchern von der Natur der Götter dem Pontifex Cotta in den Mund legt. Diefer Mann ift hier der Vertreter der neuakademifchen Skepfis, und er bekämpft als folcher nicht allein die epikureifche Theologie, fondern er hat auch alle jene Einwürfe vorzutragen, die ein Karneades den Stoikern, und mit ihnen dem Götterglauben überhaupt entgegengehalten hatte. Aber wie es auch heutzutage viele giebt, die zwar keine einzige fefte Ueberzeugung haben, ebendeshalb aber jede zu bekennen bereit find, fo erklärt auch Cotta bei Cicero (I, 22. III, 2): die Ueberlieferungen der Vorfahren über die Götter und die Gebräuche der Staatsreligion werden an ihm ftets einen eifrigen Vertheidiger finden, wenn er auch als Philofoph alle Behauptungen über das Dafein, die Natur und die Vorfehung der Götter in Anfpruch nehmen müffe; und wir werden dies ihm und feinesgleichen nicht einmal als perfönliche Gefinnungslofigkeit anrechnen dürfen, fondern es ift die ächtrömifche Anficht von der Sache: die Nationalreligion muß unter allen Umständen aufrechtgehalten werden, wie es sich nun auch mit der wissenschaftlichen Untersuchung über die Götter verhalten mag. Damit, meint der Römer, lasse sich doch nicht zum Ziel kommen, aber daß er wohl daran thue, die Götter in der hergebrachten Weise zu verehren, dies beweist ihm die Größe seines Staates, der sich, wie auch Cotta bemerkt, bei dieser Verehrung jederzeit sehr wohl befunden habe.

Nicht viel anders machten es aber, die Volksreligion betreffend, auch solche, die in ihrer philosophischen Theologie nicht bei den Zweifeln des Karneades stehen blieben, wie dies allem noch bei der Mehrzahl der römischen Akademiker seit Antiochus der Fall war. Wir sehen dies an demjenigen von den römischen Philosophen, welcher mehr, als irgend ein anderer, dazu beigetragen hat, daß seine Landsleute mit der griechischen Philosophie bekannt wurden, an Cicero. So beredt auch Cicero die Einwürfe ausführt, welche die Männer der neuen Akademie aller natürlichen und positiven Theologie entgegengehalten hatten, so wenig bezweifelt er selbst doch das Dasein Gottes und das Walten einer weisen und gütigen, auf das kleine wie auf das große sich erstreckenden Vorsehung. Der Glaube an die Gottheit ist dem Menschen, wie er sagt, von der Natur eingepflanzt, er wird von der ganzen uns umgebenden Welt gepredigt, er ist uns auch praktisch unentbehrlich, denn mit der Religion gingen Treue und Recht und alle Bande der menschlichen Gesellschaft zu Grunde. Dieser Glaube wird von ihm ferner im ganzen sehr rein gefaßt, wenn er sich auch allerdings mehr in der populären Form xenophontisch-sokratischer Reden, als in strengeren philosophischen Begriffen bewegt; und für die beste Gottesverehrung erklärt er den Gottesdienst eines reinen unverdorbenen Herzens. Ebendeshalb aber ist sein Zusammenhang mit dem Volksglauben ein ziemlich loser. Die Religion, sagt er (Divin. II, 72), dürfe allerdings nicht angetastet werden, denn theils werde der Weise die gottesdienstlichen Einrichtungen seiner Vorfahren aufrechthalten, theils nöthige uns die Schönheit und Ordnung der Welt zur Anerkennung und Verehrung der Gottheit. Aber wenn auch eine vernünftige und mit einer richtigen Naturansicht vereinbare Frömmigkeit jede Förderung verdiene, so müsse dagegen der Aberglaube, der uns alle Gemüthsruhe raube, mit der Wurzel ausgerottet werden. Ob diese Forderungen sich mit einander vereinigen lassen, ob nicht die instituta majorum, die der Weise in Schutz nimmt, von Gebräuchen und Glaubensvorstellungen voll sind, welche er nur für Aberglauben erklären kann, wird nicht weiter untersucht; aber die Antwort auf diese Frage kann für uns nicht zweifelhaft sein. Nennt doch Cicero selbst a. a. O. als Auswüchse des Aberglaubens die Wahrsagerei, die Vorbedeutungen, die Opferschau, die Sühnung der Blitze u. s. w.; lauter Dinge, mit denen die ganze altrömische Religion stehen und fallen mußte; und nicht anders hätte er von seinem Standpunkt aus auch über die Opfer und über den ganzen Polytheismus und Anthropomorphismus des Volksglaubens urtheilen müssen. Ihm für seine Person würde es an seiner philosophischen Ueberzeugung genügen; was ihn an die Volksreligion bindet, ist nicht das religiöse, sondern nur das politische und nationale Interesse.

Alles zusammengenommen finden wir in Rom seit dem letzten Jahrhundert der Republik einen tiefen Zwiespalt zwischen den Lehren der Philosophen und dem altrömischen Glauben. Eine weitverbreitete und in der öffentlichen Meinung sehr einflußreiche Klasse von Philosophen greift diesen Glauben als den schädlichsten Wahn mit wissenschaftlichen Gründen wie mit den Waffen des Spottes auf's bitterste an; andere suchen ihm durch künstliche Umdeutung einen erträglichen Sinn zu unterlegen, oder sie rechtfertigen ihn wenigstens mit den Bedürfnissen des Staats und des Volkes; aber alle sind ihm innerlich entfremdet, und über viele von den eingreifendsten, für die bestehende Religion unentbehrlichsten Glaubensvorstellungen, Einrichtungen und Gebräuche urtheilen die philosophischen und politischen Vertheidiger dieser Religion kaum weniger schneidend, als ihre erbittertsten Gegner. Was aber in dieser Beziehung in den Schulen der Philosophen gelehrt wurde, das war bald die Ueberzeugung aller Gebildeten; denn die Philosophen waren es, bei denen seit dem Eindringen des Hellenismus auch die Römer alle wissenschaftliche Bildung zu suchen pflegten. Stand nun so der geistige Kern der Nation dem Glauben seiner Väter Jahrhunderte lang feindselig oder gleichgültig gegenüber, so begreift es sich, daß dieser Glaube auch über die unteren Volksklassen seine Herrschaft immer mehr verlor, und daß er nicht die Macht hatte, den massenhaft eindringenden fremden Elementen einen nachhaltigen Widerstand zu leisten. Diese selbst aber waren zwiefacher Art. Einerseits erfüllte sich Rom in steigendem Maße mit polytheistischen Kultus- und Glaubensformen, die aus allen Theilen des weiten Reiches, vorzugsweise jedoch aus dem Orient, einströmten; und durch diese Vermischung der verschiedenartigsten Götter und Götterdienste wurde nicht allein die römische Religion immer mehr ihres nationalen Charakters entkleidet, sondern der Götterglaube überhaupt verlor seine Bestimmtheit, die einzelnen Götter, fremde wie einheimische, flossen in einander, und es entstand jenes wüste Gewirre von Glauben und Aberglauben jeder Art, welches weder dem religiösen Gefühl und Bedürfniß noch dem verständigen Denken irgend einen Halt darbot. Andererseits hob sich aber aus diesem Chaos immer siegreicher der monotheistische Glaube, welcher als volksthümlich religiöser gleichfalls aus dem Orient kam; und wenn er schon in seiner jüdisch-nationalen Beschränkung selbst unter den Römern Fortschritte machte, über die noch im ersten Jahrhundert unserer Zeitrechnung lebhaft geklagt wird, so konnte sein schließlicher Sieg nicht ausbleiben, nachdem er sich im Christenthum von jener Schranke befreit, sich zur Universalität einer Weltreligion erweitert, sich mit einem tieferen sittlichen Gehalte, einer geläuterteren Frömmigkeit erfüllt hatte. Diesem Siege des Monotheismus über den Polytheismus hatte auch die Philosophie wacker vorgearbeitet, ja sie war eine von seinen wirksamsten und unerläßlichsten geschichtlichen Bedingungen gewesen. Als nun aber der Kampf beider wirklich ausbrach, da stellte sie sich freilich auf die Seite der alten Religionen; und der Neuplatonismus insbesondere, welcher seit der Mitte des dritten Jahrhunderts n. Chr. alle anderen Schulen verdrängte, wurde der letzte Vorkämpfer des Polytheismus. Indessen ist der Antheil, welchen die Römer an dieser Philosophie nahmen, ein sehr geringer, und wenn auch Rom der Ort war, wo die neuplatonische Schule von dem Aegypter Plotinus gestiftet wurde, so gehören doch alle ihre namhaften Vertreter nach Abstammung und Denkart theils der griechischen, theils und hauptsächlich der griechisch-orientalischen Welt an. Die römische Philosophie als solche hat das zweite Jahrhundert nach Christus kaum überlebt: seit Mark Aurel's Zeit begegnet uns unter den Mitgliedern der verschiedenen Schulen, von denen wir wissen, nur noch selten ein römischer Name, und nicht ein einziger, von dem eine irgend erhebliche Leistung zu berichten wäre. Erst in der christlichen Zeit gewinnt Rom wieder eine Bedeutung für die Geschichte der Philosophie, indem hauptsächlich von hier aus den abendländischen Völkern überliefert wurde, was sich von griechisch-römischer Wissenschaft aus den Stürmen der Völkerwanderung gerettet hatte.

## Anmerkungen.

[1]) Augustin Civ. D. IV, 27 nach Varro.
[2]) Bei Augustin Civ. D. IV, 31   VII, 6. 9. 13. 23.
[3]) M. vergl. zu dem obigen Augustin a. a. O. VI, 2 ff., IV, 31; zum folgenden ebend. VII, 28. 19.
[4]) Die näheren Nachweisungen zu der obigen Darstellung finden sich in meiner „Philosophie der Griechen" III, a, 291 ff., welche auch für das weitere die Belege bietet; vergl. S. 626 f., 650.
[5]) M. vergl. über ihn meine „Philos. d. Gr." III, a, 630 f., meine „Vorträge u. Abhandl." 104 f.
[6]) Lucian Alex. 48, der die Geschichte doch schwerlich erdichtet hat.

Vorträgen vom Januar 1866 ab erscheinen zu lassen, deren Redaktion, soweit die Beiträge naturwissenschaftlichen Inhalts sind, von Prof. Dr. Virchow, soweit sie staatswissenschaftlich-geschichtlichen oder volkswirthschaftlichen Inhalts, von Prof. Dr. v. Holtzendorff besorgt wird.

Die **erste Serie** dieser Sammlung, enthaltend 24 Lieferungen im Umfange von 2 bis 3 Druckbogen gr. 8°, ist nunmehr zum Abschluß gebracht und besteht aus folgenden Vorträgen:

1. Rud. Virchow: Ueber Hünengräber und Pfahlbauten.
2. J. C. Bluntschli: Die Bedeutung u. die Fortschritte des modernen Völkerrechts.
3. H. W. Dove: Der Kreislauf des Wassers auf der Oberfläche der Erde.
4. W. A. Lette: Die Wohnungsfrage.
5. W. Foerster: Zeitmaaße und ihre Verwaltung durch die Astronomie.
6. Ed. Osenbrüggen: Land und Leute der Urschweiz.
7. G. H. Meyer (in Zürich): Ueber Sinnestäuschungen.
8. Schulze-Delitzsch: Sociale Rechte und Pflichten.
9. J. Rosenthal: Von den elektrischen Erscheinungen.
10. J. C. Kühns: Die Bedeutung des Wechsels für den Geschäftsverkehr.
11. S. Rosenstein: Mysticismus und Aberglauben in der Medizin.
12. E. Zschokke: Heinrich Zschokke. Ein biographischer Umriß.
13. A. Müller: Ueber die erste Entstehung organischer Wesen rc.
14. J. B. Meyer: Volksbildung und Wissenschaft in Deutschland.
15. Ad. Baeyer: Ueber den Kreislauf des Kohlenstoffs in der organ. Natur.
16. Herm. Grimm: Albrecht Dürer.
17. Fr. von Holtzendorff: Richard Cobden.
18. K. J. Mittermaier: Das Volksgericht in Gestalt der Schwur- u. Schöffengerichte.
19. J. Roth: Ueber die Steinkohlen.
20 u. 21. E. Engel: Der Preis der Arbeit.
22. W. Siemens: Die electrische Telegraphie.
23. C. F Rammelsberg: Ueber die Mittel Licht und Wärme zu erzeugen.
24. Ed. Zeller: Religion und Philosophie bei den Römern.

Jede Lieferung enthält einen in sich abgeschlossenen Vortrag, welcher sich sowohl zur Vorlesung vor Anderen als zur eigenen Lektüre seiner Form und Anlage nach eignet. Rein politische und kirchliche Parteifragen der Gegenwart bleiben ausgeschlossen.

Indem die unterzeichnete Verlagshandlung hiermit die **zweite Serie** dieser mit allgemeinstem Beifall von allen Schichten des Publikums aufgenommenen Sammlung ankündigt, wird sich dieselbe angelegen sein lassen, für eine Berücksichtigung der in der Zeit besonders hervortretenden wissenschaftlichen Interessen zu sorgen. Die Sammlung wird enthalten: Biographien berühmter Männer, Schilderung großer historischer Ereignisse, volkswirthschaftliche Abhandlungen, culturgeschichtliche Gemälde, physikalische, astronomische, chemische, botanische, zoologische, physiologische, arzneiwissenschaftliche, erforderlichenfalls durch Zeichnungen erläuterte Vorträge u. a. m.

Vorbehaltlich etwaiger Abänderungen im Einzelnen kündigen wir vorläufig für die **zweite Serie** von 24 Heften (die **Hefte 45—48** umfassend) nach-folgende Vorträge an:

Prof. Dr. **Gneist**: Die heutige Communalverwaltung von London.
Dr. **Schuhmacher**: Das Rettungswesen zur See.
Prof. Dr. **John**: Die Todesstrafe.
Dr. **Woltmann**: Die Kunst im Reformationszeitalter.
Dr. **Trauttwein v. Belle**: Wilhelm von Oranien, der Befreier der Niederlande.
Stadt-R. **Zelle**: Waisenpflege und Waisenkinder in Berlin.
Prof. Dr. **Wattenbach**: Algier.
Prof. Dr. **Endemann**: Die geschichtliche Entwickelung der Handelsgesellschaften.
Prof. Dr. **Nissen**: Pompeji.
Prof. Dr. **v. Holtzendorff**: Die Verbesserungen in der gesellschaftlichen und wirthschaftlichen Stellung der Frauen.
Prof. Dr. **Alex. Braun**: Ueber die Eiszeit der Erde.
Prof. Dr. **Otto Weber**: Ueber schmerzstillende Mittel im Allgemeinen und Chloroform insbesondere.
Prof. Dr. **Jul. Kühn**: Ueber die Ursachen der Pflanzenepidemien.
Prof. Dr. **v. Gräfe**: Ueber Sehen.
Prof. Dr. **Eisenlohr**: Grundwahrheiten der Mechanik.
Prof. Dr. **v. Seebach**: Ueber Vulkane.
Prof. Dr. **Virchow**: Ueber Nahrungs- und Genußmittel.

Außerdem haben die Herren Prof. Häckel in Jena, Dr. Gerstäcker, Dir. Dr. Gallenkamp, Prof. Dr. Kuno Fischer in Jena, Prof. Rütimeyer in Basel, Prof. Bolley in Zürich u. A. ihre Mitwirkung angezeigt.

Im Abonnement auf 24 Hefte kostet **jedes Heft nur 5 Sgr.**; der Einzelpreis eines Heftes wird circa 8—10 Sgr. sein.

Der **Subscriptionspreis** für die neue II. Serie 1867 (Heft 25—48) ist demnach, gleichwie für die I. Serie 1866 (Heft 1—24), **4 Thlr.**

Berlin.

**C. G. Lüderitz'sche Verlagsbuchhandlung.**
**A. Charisius.**
7 Schönebergerstraße.